LETTRES

SUR LA

QUESTION THÉATRALE

PAR

JULES VERNHES.

ROUEN

A. LEBRUMENT, LIBRAIRE,

QUAI NAPOLÉON, 55.

—

1860.

LETTRES SUR LA QUESTION THÉATRALE.

LETTRES

SUR LA

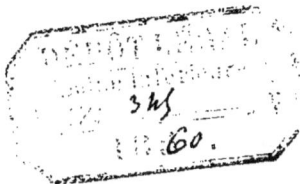

QUESTION THÉATRALE

PAR

JULES VERNHES.

ROUEN

A. LEBRUMENT, LIBRAIRE,

QUAI NAPOLÉON, 55.

1860.

LETTRE

ADRESSÉE LE 5 OCTOBRE 1852

A MONSIEUR LE DIRECTEUR DU NOUVELLISTE DE ROUEN.

MONSIEUR,

Ainsi que vous le signalez depuis longtemps, les théâtres de Rouen sont en décadence. En vain le concours des artistes les plus éminents, les efforts des directeurs les plus habiles, tels que les Duprez et autres, et en dernier lieu M. de Courchant, tout a échoué à relever l'art dramatique, en même temps que les artistes se sont trouvés presque toujours dans un état précaire, et le nombreux personnel dans une position fâcheuse. En un mot, tous ont abouti, et vous-même vous concluez à une forte subvention.

Permettez-moi, Monsieur, bien que peu habitué au théâtre et fort peu compétent en matière artistique, de vous soumettre quelques observations.

Je n'entrerai pas dans les détails de toutes les combinaisons qui ont paru jusqu'à ce jour, et que du reste j'ai fort peu suivies ; il peut néanmoins y avoir de bonnes choses ; mais je m'arrêterai à votre article dernier, qui m'a paru frappant de vérité, et ce dont j'avais depuis longtemps la pensée.

Oui, Monsieur, ainsi que vous le précisez d'une manière nette, la décadence des théâtres provient en grande partie d'un goût moins épuré pour le véritable art, pour ce laisser-aller qui gagne de plus en plus pour les œuvres trop décousues.

Mais est-ce une raison, parce qu'on voit le mal, qu'on ne puisse y porter le remède?

D'abord, il est un fait évident qui ressort de la position du Théâtre-des-Arts; c'est qu'aujourd'hui il y a deux publics: l'un qui s'en éloigne parce qu'il ne s'y trouve pas toujours à l'aise; l'autre qui, malgré ses tendances contraires, n'est point ennemi des grandes œuvres.

C'est pourquoi il y en a un qui n'y va pas assez souvent, et l'autre qui, malgré son désir de voir le théâtre se soutenir, ne peut suffire seul à l'alimenter.

Si nous ne voulions pas rester purement dans la question théâtrale, c'est ici qu'il y aurait lieu à s'étendre contre tous ces grands prêcheurs d'égalité qui, en définitive, la prêchent plus qu'ils ne la professent. L'art ne se jette pas à la face de tout le monde, comme certains voudraient le faire croire: l'art a besoin, pour être compris, de se trouver dans une certaine sphère: ce n'est point qu'il n'y eût dans toutes les classes de la société des intelligences capables de sentir, de comprendre l'art; mais si l'on veut que l'art dramatique se popularise, il faut, comme en toutes choses, commencer par le commencement, c'est-à-dire préparer, initier les masses par de bonnes pièces, au lieu de se jeter dans le dévergondage des idées.

On aura beau vouloir faire de l'humanité une seule et même chose, une seule et même intelligence, elle n'existera pas plus qu'elle n'existe dans toutes les autres conditions de la nature. Les plantes d'une même espèce ne seront égales qu'autant qu'elles naîtront sous une même latitude; les hommes qui ne seront jamais d'une même espèce, ne grandiront jamais, même à intelligence égale, qu'autant qu'ils se trouveront dans une sphère plus élevée.

Mais l'homme n'est point soumis à des conditions purement physiques; son intelligence peut grandir sous toutes les latitudes, c'est-à-dire dans toutes les conditions de la vie; il suffit seulement de l'éclairer, de l'entraîner dans la véritable voie du progrès.

C'est pourquoi il faut, en principe, pour que les arts se soutiennent, s'attacher à l'élite de la société, de ceux qui, plus à même de les comprendre, sont en même temps leur meilleur soutien.

De cette manière, les masses, entraînées par l'élite de la société, ne peuvent que gagner à leur contact et contribuer pour leur large part à l'essor de l'art dramatique, qui est un des caractères distinctifs de notre nation. Tandis qu'au contraire, l'art abandonné à lui-même, nageant pour ainsi dire entre deux eaux, s'adressant tantôt à l'un, tantôt à l'autre, ne contente personne, ne peut se suffire à lui-même; et ainsi de là, décadence pour le théâtre, décadence pour le goût des masses, qui se laissent aller trop facilement à des œuvres par trop souvent plus que légères.

Jusqu'ici je pense que nous sommes à peu près d'accord.

Maintenant, me direz-vous, voyons le remède.

Je ne remonterai pas à une époque éloignée, ce qui a pu être bon dans un temps me paraît mauvais aujourd'hui... Mais mon opinion est que, depuis trop longtemps, on s'est abusé sur le privilége.

Notre conviction est qu'il faut aujourd'hui abandonner entièrement le *système du privilége*.

D'abord, il faut bien se convaincre que ce n'est pas le goût du théâtre qui manque à Rouen, mais que c'est bien au contraire le goût du véritable art qu'il faut entreprendre de régénérer.

Eh! mon Dieu, ne voit-on pas que c'est le privilége du Théâtre-des-Arts qui empêche les théâtres secondaires de se propager?

Effectivement, le théâtre des Folies-Dramatiques ne se soutient-il pas malgré le privilége, et ne s'en trouve-t-il pas beaucoup mieux dans les intervalles de suspension du grand théâtre ?

Le Théâtre-Français n'a-t-il pas toujours été un puissant auxiliaire du Théâtre-des-Arts, et si M. de Courchant ne cherchait pas à faire du théâtre principal une spéculation à bon marché, le Théâtre-Français n'aurait-il pas les mêmes chances de succès ?

Enfin, faut-il une grande dose d'intelligence pour voir qu'il n'y a pas besoin d'un grand théâtre ni de grands artistes pour représenter une foule de pièces qui, bien que bonnes en elles-mêmes et ayant leur mérite, n'ont aucune portée artistique ? Ne serait-ce pas, au contraire, un moyen, en préparant les masses par des œuvres secondaires qui n'ont rien de contraire à la morale, de leur faire retrouver le chemin des grands maîtres ?

Toutes ces réflexions, appuyées depuis longtemps par les hommes les plus éminents, que la route du théâtre dans des conditions de bonne morale est une des meilleures routes qu'on puisse inspirer à la jeunesse des grandes villes, ne nous amènent-elles pas à penser que notre administration doit s'efforcer avant tout à protéger les théâtres secondaires ?

Qu'au contraire, en voulant faire du théâtre principal un grand tout, *on arrive à ne rien faire du tout ?*

C'est pourquoi nous avons la persuasion que pour que l'art dramatique se soutienne à Rouen, il faut attirer l'élite de la société par un grand théâtre à prix plus élevé, qui ne représente que de grandes œuvres accompagnées même d'œuvres secondaires, mais qui, comme vous en faites judicieusement la remarque, ne souffrent jamais l'impureté.

De cette manière, l'élite de la société venant patroner, appuyer par elle-même le véritable art dramatique ; de leur côté, les masses, encouragées par des théâtres secondaires à prix modérés, et de plus entraînées par leur goût artistique, comme nous l'avons déjà fait observer, ne prendraient-elles pas également la route du grand théâtre ; et alors tout ne tendrait-il pas à relever l'art dramatique à Rouen ?

Si nous voulions nous étendre, nous aurions belle occasion de récriminer contre tous ces grands faiseurs, ces grands réformateurs, ces grands régénérateurs de sociétés, qui n'ont jamais rien régénéré, pas même une chose que depuis longtemps ils ont le *nez dessus*, et qui cependant sont toujours les plus ardents à nous entretenir chaque jour de leurs déclamations.

Le théâtre est dans une fausse voie ; que notre administration y prenne garde, il faut aviser... il faut chercher le mal dans sa racine, il faut entrer largement dans un nouveau système ; il faut une réforme complète !!!... Sans quoi l'avenir de notre théâtre est menacé, la position de nos artistes s'empire chaque jour, le nombreux personnel va se trouver dans une dure nécessité, etc., etc., etc... Cent fois nous avons cru voir poindre la lumière !... Cent fois nous n'avons jamais rien vu !

Quant à nous, notre projet se résume tout simplement ainsi que vous l'avez déjà compris.

1º Avoir un grand théâtre, véritable temple des arts, à un prix plus élevé ;

2º Encourager les théâtres secondaires, à des prix très-modérés qui ne tendraient qu'à s'élever *par l'entière suppression du privilége*.

Maintenant voici comment nous comprenons la réalisation de notre projet.

Nous repoussons toute subvention locale, gouvernementale et même satrapale.

Nous ne voulons pas de subvention locale, parce qu'en définitive c'est le dernier argument, c'est la finale de toute entreprise qui n'en peut... qui est à bout de ressources.

Bien loin de repousser un effort du gouvernement, nous

serons heureux de lui en être reconnaissants ; mais nous n'admettons point de subvention annuelle, parce que tout effort d'un gouvernement aboutissant à une subvention annuelle ne sera jamais que du replâtrage, qui ne pourra avoir d'effet que momentanément, qui n'offre aucune chance de durée.

Une subvention annuelle est bonne de la part d'un gouvernement pour encourager les œuvres des grands artistes, et ne peut s'appliquer qu'aux grands théâtres de la capitale.

Autrement, toute subvention dans les théâtres de province ne peut que flatter l'amour-propre des grandes villes, faciliter à la vérité la position de quelques artistes de mérite, mais ne peut, dans aucun cas, venir au secours des grands auteurs, c'est-à-dire venir en aide à la source du véritable art dramatique.

Il suffit pour un gouvernement d'être pour les théâtres de province le levier qui encourage les arts, en propage le goût en même temps qu'il en facilite les moyens en s'attachant à procurer le plus possible le bien-être général qui en sera la meilleure base, le meilleur soutien.

Nous ne blâmons pas, au contraire, nous approuvons, nous encourageons, nous félicitons les localités moindres qui ont recours aux subventions satrapales ou de tout autre nature, parce que, livrées à elles-mêmes, malgré tous leurs efforts, elles ne pourraient suffire à alimenter, à contenter leurs goûts pour les arts.

Mais pour Rouen, nous n'en admettons point.

Nous ne voulons pas d'un étalage dramatique qui ressemble trop à ces exhibitions de plantes exotiques qui viennent de loin ou qui poussent en serre chaude, nous voulons prouver que l'art dramatique est indigène à Rouen.

Puisque Rouen, par son importante population, par la position aisée d'un grand nombre de ses habitants, par son importance maritime qui tend à s'accroître et qui, soit dit en passant, est loin d'être comprise; parce que le théâtre peut s'enorgueillir d'avoir produit deux grands maîtres, parce qu'enfin Rouen offre toutes les conditions vitales à l'art dramatique...

Nous tenons à honneur de prouver que toute notre intelligence ne se borne pas à faire de la toile, que l'art dramatique est inné dans notre population. Nous sommes fiers de nos antécédents, et nous ne voulons point descendre; c'est-à-dire que, pour l'honneur de notre cité, nous serions heureux de montrer que l'art dramatique s'y soutient, sans autre effort que par le seul concours de sa population.

C'est pourquoi, puisque le gouvernement paraît bien intentionné, nous ne lui demanderons pas une subvention, mais un secours large, efficace, et nous prouverons que nous en sommes dignes.

N'ouvrons pas la bouche trop grande, ne cherchons point à faire ce qui nous entraînerait trop loin, ne demandons pas des millions, et cependant pour faire les choses à peu près, nous avons besoin de demander beaucoup.

Mais avant de le dire, tâchons de bien préciser ce que nous voulons.

Nous nous sommes attaché à démontrer que le Théâtre-des-Arts, revenu à ses anciennes traditions, ramènerait facilement l'élite de la société et qu'elle en serait le principal appui.

De plus, nous sommes heureux de le répéter, le goût des masses, ramené à ses anciens antécédents, à son véritable fonds, contribuerait puissamment à lui rendre sa splendeur.

D'un autre côté, il faut encore le reconnaître, malgré la réduction des prix, le goût artistique d'une grande partie de notre population se trouve toujours arrêté par l'élévation naturelle d'un grand théâtre.

Ne ressort-il pas de cette situation actuelle du *privilége* un fait évident, qu'au lieu de propager le goût des théâtres à Rouen, un grand nombre n'y vont point du tout par la trop grande élévation des prix, et que, d'un autre côté, une bonne partie dépense beaucoup pour voir des œuvres qu'elle pourrait tout aussi bien juger, se contenter dans des théâtres secondaires.

Que de plus, bien loin de priver la partie moyenne de la population et même les masses de la représentation des grandes œuvres artistiques, en alternant de l'un à l'autre, on se trouverait à même de les connaître, on s'y trouverait même entraîné tout en y allant plus fréquemment et sans qu'il en coûte davantage.

Si je ne m'abuse, ne serait-ce pas là un grand résultat, un véritable progrès ?

C'est pourquoi nous avons l'honneur de proposer la création d'un troisième théâtre secondaire, sans autre privilége que celui de l'exploitation par la direction principale, laissant toute latitude aux cirques et aux théâtres de troisième ordre qui voudraient s'établir à Rouen.

Si notre administration municipale approuve notre projet, nous ne lui demanderons pas qu'elle fasse un grand sacrifice, sa position financière ne le lui permet pas ; mais s'il est vrai que notre gouvernement est fermement décidé à relever l'art dramatique en province, nous l'engagerons à appeler son attention pour qu'il lui vienne en aide au moins pour une forte part.

Nous ne savons pas quelle est la pensée du gouvernement au sujet des théâtres de province ; mais s'il ne voulait s'en occuper qu'à titre de renseignement, pour donner seulement des conseils, il n'arriverait à aucun résultat.

Impossible qu'il puisse être le juge de toutes ces petites difficultés locales qui surgissent de toutes parts ; il faut avant tout qu'il s'impose un sacrifice.

Quant au choix de l'emplacement, nous croyons qu'on

ne pourrait mieux le fixer que sur la *place de la Croix-de-Pierre*, au milieu d'une nombreuse agglomération de population, se rattachant à la banlieue de Saint-Hilaire.

Ensuite, remarquons qu'il n'est pas plus difficile d'aller du haut de la rue Beauvoisine à la Croix-de-Pierre, que d'aller au bas de la rue Grand-Pont, et plus facile que d'aller au Théâtre-Français. Tandis qu'au contraire, notre théâtre secondaire (quand il existait) est déjà trop hors portée des habitants de ces quartiers, en même temps que le théâtre principal, quoiqu'à prix réduit, est trop onéreux pour la plus grande partie.

Toutes ces conditions nous paraissent favorables au succès de notre projet, d'autant plus qu'il est facile de faire la remarque que l'exploitation d'un troisième théâtre secondaire par la direction principale ne pourrait que lui venir en aide, sans s'inquiéter ni mettre le moindre arrêt aux théâtres de troisième ordre.

Effectivement, la bonne composition de sa troupe, sans une grande augmentation de personnel, lui permettrait de représenter avec avantage des œuvres de certaine importance, et avec un théâtre bien établi, lui donnerait entière facilité de donner satisfaction au goût des masses, en représentant de temps à autre des grandes œuvres, à des prix beaucoup plus réduits que ceux actuels, et qui seront toujours impuissants à les attirer, du moins une grande partie.

Il faut aussi bien se persuader que, pour faire les choses à peu près et pour qu'elles offrent une certaine durée, il ne faut pas qu'on s'aperçoive au bout de quinze à vingt ans qu'on a fait une chose trop exiguë, trop étroite, trop restreinte, comme cela n'arrive que trop souvent à Rouen.

Il faut, tout bien considéré, avec les premiers frais nécessaires à l'emplacement, il faut, mais j'ose à peine le dire...

Il faut ne rien vouloir créer à moins de *huit cent mille francs*.

En dernière analyse, si le gouvernement est fermement décidé à faire un effort pour relever l'art dramatique en province, nous croyons qu'il ne peut mieux faire que de commencer par le berceau du père de la tragédie, et que la France ne pourrait qu'y applaudir !

D'autant plus que nous ferons observer que, de temps immémorial, la Normandie a produit à l'Etat plus de millions que d'autres, et nous ne savons par quel fatal oubli elle a toujours eu le *privilége de recevoir moins que d'autres.*

Je ne sais, Monsieur le rédacteur, si vous trouverez le remède efficace. Dans tous les cas, j'ai fait de mon mieux, et je termine en réclamant votre indulgence.

Dans cette attente, etc.

Jules VERNHES.

Rouen, le 5 octobre 1852.

LETTRE

ADRESSÉE LE 17 JUILLET 1853

A MONSIEUR LE DIRECTEUR DU NOUVELLISTE DE ROUEN.

Monsieur,

Sous la date du 5 octobre dernier, alors que l'existence théâtrale était menacée, et que vous-même vous jetiez le cri d'alarme, j'ai eu l'honneur de vous adresser quelques mots, de vous soumettre mes impressions, dans l'intérêt de cette même question théâtrale qui, depuis si longtemps, est en suspens.

Par un motif quelconque, et peut-être à cause de certaines allusions, vous avez cru devoir garder le silence.

Je suis loin d'y trouver le moindre mal, ayant pour principe que chacun est parfaitement libre d'envisager les choses à sa manière.

Aujourd'hui, si je rentre en matière, ce n'est pas pour vous reproduire les termes de ma lettre; je serai aussi succinct que possible; je ne veux point vous fatiguer de redites.

Si je viens appeler de nouveau votre attention, ce n'est que par le fait des oscillations de M. de Courchant, et surtout par son dernier acte qui a mis toute notre localité en émoi, et qui ne me paraissent pas garantir notre avenir théâtral.

Ce n'est pas un blâme que je viens formuler, il est incontestable que M. de Courchant s'est trouvé aux prises avec des difficultés sérieuses et a fait preuve d'habileté, et peut-être plus, en montrant une ressource d'imagination, qui pourtant jusqu'ici a abouti à d'infructueux efforts.

C'est pourquoi, dans l'intérêt de la question et à l'appui du projet que j'ai eu l'honneur de vous exposer, je viens tout simplement vous constater deux faits principaux qui se sont produits naturellement depuis la nouvelle marche des choses :

1° Que la réouverture du Théâtre-Français, avec de bonnes recettes suivies, prouve, ainsi que je vous le marquais, que le goût du théâtre n'est point perdu à Rouen ;

2° Que la création d'un troisième théâtre secondaire dans un quartier populeux, ainsi que je vous l'indiquais, annonce que les mêmes chances de succès se produiraient facilement, d'autant plus qu'il se trouverait alimenté en grande partie par un public nouveau, qui, jusqu'ici, est peu habitué à la route du théâtre.

Maintenant, si j'envisage la question sous le rapport moral, il me paraît digne de fixer l'attention de nos administrateurs.

Effectivement, on s'effraye avec raison de la grande multiplication des cabarets, et c'est principalement dans ces quartiers populeux qu'ils prennent la plus grande extension, on pourrait dire qu'ils pullulent à chaque pas.

Ne serait-ce pas un puissant auxiliaire pour seconder les vues philanthropiques de notre administration, en détournant ou en arrêtant, dans certaines proportions, principalement les jeunes gens qui, faute d'un autre aliment et poussés par les plaisirs naturels à la jeunesse, prennent trop facilement la route du cabaret.

Il est vrai que le théâtre n'offre pas toujours les garanties morales qu'on désirerait y rencontrer... Mais, par contre, les cabarets n'offrent pas toujours les exemples les plus consolants, et, en définitive, il se trouve presque toujours un peu de mal à côté du bien.

Après tout le théâtre a toujours pour effet d'ouvrir les idées, et c'est un avantage incontestable ; tandis que le cabaret a le plus souvent pour effet de les alourdir, sans préjudice des autres influences pernicieuses.

Je profiterai également des efforts louables que fait notre administration pour percer la rue qui doit conduire à Bicêtre, pour faire ressortir l'à-propos et la valeur qui en résulterait pour ces quartiers de la création d'un théâtre secondaire, établi dans des conditions convenables au point central indiqué.

Je me trouve forcément arrêté ; j'aurais besoin de vous entretenir de plans et principalement de moyens, car les ressources sont la base principale de tout projet que l'on veut réaliser, mais je me trouverais trop éloigné de mon sujet ; je vous ai promis d'être succinct, et je veux tenir ma promesse.

Quant aux ressources, il ne serait pas difficile d'en trouver ; mais puisqu'il est bien reconnu que notre cité sera toujours délaissée à elle-même, il faut bien en prendre son parti, il faut même s'en consoler !

Pardonnez-moi cette petite digression, je rentre dans la question et je poursuis.

Il n'est pas nécessaire d'insister pour faire comprendre que toutes les fois qu'un point central gagne en valeur par une cause quelconque, c'est-à-dire attire à lui un plus grand mouvement de population, il est nécessaire, indispensable, que les abords qui l'entourent soient plus ouverts, plus spacieux... et c'est principalement par cette raison que les abords qui environnent le point central dont nous nous occupons ne sont qu'un composé de rues étroites, tortueuses, qui y convergent difficilement, on serait forcé d'ouvrir des voies plus spacieuses.

N'est-il pas évident que si l'on adoptait la création d'un

2

théâtre au centre de ces quartiers , qu'il aurait pour effet immédiat de forcer à de nouveaux plans qui viendraient facilement se rattacher à celui en cours d'exécution , l'activerait, lui donnerait une grande impulsion , le pousserait à un achèvement complet dans un avenir peu éloigné , du moins pour la partie qui se lie plus directement?

Que de cette manière , tous ces quartiers augmentant d'une grande valeur, les propriétaires et les capitalistes se trouvant encouragés, excités à y porter leurs capitaux , viendraient ajouter d'une manière notable aux ressources de la ville ; et ainsi , ce qui paraît obscur, difficile aujourd'hui , deviendrait plus clair, plus facile dans l'avenir... et alors pourrait peut-être se réaliser peu à peu l'assainissement de ces quartiers tant de fois projeté ; car il est à remarquer que les efforts que l'on a tentés même jusqu'à ce jour frappent peu à l'ensemble, et laissent entrevoir un ralentissement ou du moins un achèvement indéfini.

C'est pourquoi j'ai toujours la persuasion que la création d'un théâtre au centre de ces quartiers serait , sous tous les rapports , d'un bon effet et aurait toute chance de succès.

J'ajouterai, sans entrer dans d'autres détails , que l'ouverture du Cirque-Impérial ne me paraît pas venir à l'encontre du projet qui précède et que j'ai déjà eu l'honneur de vous soumettre.

Je ne veux pas non plus vous entretenir de nouveau au sujet de mon opinion (qui du reste n'est pas la seule) à l'égard du privilége que je me suis efforcé de combattre.

Je crois que la nouvelle marche des choses ne peut qu'engager à bien étudier la question. L'ouverture du Cirque-Impérial va nécessairement faire une concurrence plus directe au théâtre des Folies... Je vous laisse apprécier.

Je ne vous dirai également qu'un mot à l'égard de la subvention que je m'efforçais de repousser.

Une subvention à Rouen ne peut être bonne qu'autant

qu'elle a pour effet de relever l'art dramatique, de produire un grand théâtre, lorsqu'après avoir épuisé tous les moyens, il n'en reste plus d'autre.

Mais une subvention pour produire, pour soutenir un théâtre secondaire, est une anomalie, un non-sens. Dans tout état de cause, il se produira toujours à Rouen un grand théâtre secondaire.

Vous le voyez, malgré la subvention du théâtre principal, le Théâtre-Français se comporte très-bien ; et si vous ajoutez la suppression du privilége, il s'en produira d'autres comme par enchantement.

Maintenant j'aborderai la grande, difficile et délicate question du Théâtre-des-Arts.

Je dis grande, parce qu'il s'agit de relever l'art dramatique; difficile, parce que depuis une dizaine d'années toutes les combinaisons ont échoué jusqu'à ce jour, et que même la forte subvention qui a été accordée ne me paraît pas garantir l'avenir... délicate, parce que le système de prix élevé que je vous ai soumis dans ma précédente lettre va faire naître bien des récriminations, va froisser bien des habitudes, va soulever bien des tempêtes !

Mais enfin le progrès marche, il a pour effet de vaincre les difficultés !... Je vais essayer de braver l'orage, et malgré toutes les tempêtes, j'ai la confiance que si vous approuviez la nouvelle manœuvre, si vous vouliez vous y joindre, nous finirions par arriver à bon port.

D'abord, qu'est-ce que l'art dramatique... où puise-t-il ses inspirations?

Si je ne me trompe, il s'adresse aux sommités sociales, c'est-à-dire à ceux qui, placés au haut de l'échelle sociale, marquent mieux, sont le produit le plus brillant, le plus réel de toute société qui marche vers le progrès, et principalement à ceux qui sont appelés à diriger, à faire mouvoir les sociétés, parce que c'est là où les grandes passions se produisent avec le plus d'éclat.

Jamais notre immortel Corneille n'aurait fait son chef-d'œuvre de *Cinna*, s'il avait puisé ses inspirations au milieu de ces chefs de tribus dont la renommée nous montre l'âme si droite, si pure, si accessible aux sentiments élevés... se fût-il adressé au meilleur des modèles !... Et cependant que de nobles actions aussi grandes, aussi nobles que celles d'Auguste, et qui se trouvent perdues dans la foule !

Mais il lui fallait avant tout pour que son immense génie puisse se développer, puisse se produire.

Il lui fallait la grandeur romaine !

A côté des grandes inspirations, l'art dramatique se complaît, trouve un grand élément, se revêt de qualités brillantes ; tour-à-tour dans les qualités du cœur qui résistent aux grandes séductions, qui restent pures au milieu de tous les dangers qui menacent, qui entourent une âme élevée, ardente !... ou tantôt nous fait admirer ces âmes fortement trempées, qui, poussées par une noble ambition, se font jour à travers toutes les difficultés, renversent tous les obstacles, franchissent la distance qui les éloigne, les séparent du but où ils veulent atteindre.

Ainsi donc, s'il est vrai que l'art dramatique s'adresse principalement à l'élite de la société, ne semble-t-il pas que l'un et l'autre ont besoin de se retrouver ensemble ?... L'un en s'électrisant des nobles actions de ses devanciers, l'autre en y puisant de nouvelles forces, active la séve de ses inspirations, grandit son génie !...

Si les auteurs dramatiques étaient condamnés à produire leurs œuvres devant un public indifférent ou peu appréciateur, ne s'ensuivrait-il pas un découragement? l'art ne tendrait-il pas à s'affaiblir, à s'éloigner de la scène et laisser la place à des œuvres d'un mérite beaucoup plus secondaire? N'est-ce pas là la cause principale de la décadence des théâtres de province, ainsi que vous en avez fait judicieusement la remarque?

Mais alors si l'on veut que l'élite de la société soutienne, encourage par sa présence l'art dramatique, ne faut-il pas aussi l'attirer par tous les moyens possibles... c'est-à-dire suivre le progrès, entourer l'art du reflet brillant qui lui convient, ne pas le laisser isolé au milieu de tout ce luxe qui se produit, non-seulement dans toutes les sociétés particulières, mais qui se glisse jusque dans les professions qui ne sont rien moins qu'artistiques ?

Ne faut-il pas aussi, au lieu de vouloir confondre toutes les classes de la société par un système d'égalité pour le moins par trop présomptueux, lui marquer sa place, faire, en un mot, à la fois un grand théâtre et un théâtre de société ?

Voilà l'orage, Monsieur !... et, en ma qualité de matelot peu expérimenté, j'ai besoin de ramasser toutes mes forces. Je vais essayer d'y tenir tête... et si mon manque d'habileté me fait échouer au milieu de tous les écueils qui m'entourent, je compte sur votre indulgence pour me pardonner d'avoir voulu naviguer sur une mer inconnue, d'avoir voulu aborder à des rivages fortunés, où je cherche à cueillir le talisman qui doit relever l'art dramatique dans notre cité.

L'orage, l'orage, Monsieur, n'est pas seulement sur cet immense Océan, qui menace à chaque instant d'engloutir nos hardis navigateurs ! L'orage se montre partout... Il se montre principalement mille fois plus terrible dans nos jeunes générations qui, poussées par un désir insatiable, insensé d'égalité, font trembler la société sur sa base, menacent de l'engloutir, mais qui seront toujours submergées, englouties par la société.

Parce que la société n'est pas le produit d'un jour, et qu'elle est au contraire le résultat d'une accumulation de plusieurs siècles, parce qu'elle renferme des profondeurs mille fois plus immenses que celles de l'Océan, et que les téméraires et inhabiles aventuriers qui veulent l'agiter ne pourront l'émouvoir qu'à sa surface.

Parce que toutes les fois qu'ils voudront l'attaquer jusque dans sa base, ils seront forcés de reconnaître leur impuissance, et seront réduits au néant !

A Dieu ne plaise que nous ne voulions blâmer ce juste sentiment d'égalité, cette noble ambition qui poussent l'homme à s'élever, le porte à faire de grandes choses, qui ennoblissent la société et qui sont réellement le bon côté et le vrai caractère de toute civilisation.

Mais, avant tout, il faut savoir grandir avant de vouloir atteindre à l'égalité !

A propos d'égalité, il me semble que j'oublie un peu ma promesse... que je m'égare dans des dissertations philosophiques et que je m'éloigne de la route du théâtre... Je me dépêche d'y rentrer.

D'abord il ne faut pas s'y tromper. Un grand théâtre, si grand qu'on puisse le désirer, ne peut s'écarter des ressources de sa localité. Il faut qu'il soit dans des conditions normales, et, par cette raison, ne peut afficher des prétentions par trop élevées, c'est-à-dire qu'il n'est point exclusif pour personne, seulement il y a des places pour tout le monde.

Il ne faut pas non plus avoir cette sotte vanité d'être tous aux premières. Toute nature d'élite ne peut se trouver déplacée d'occuper une place secondaire lorsque sa bourse lui en commande la nécessité. Il est permis, et on doit même s'efforcer d'y atteindre, et alors plus tard on éprouve une double satisfaction. La société est ainsi faite, elle ne marche que pas à pas... De la difficulté naît l'énergie ! Et en attendant que ses efforts soient couronnés de plus ou moins de succès, on ne peut que se trouver bien, que gagner d'être en bonne compagnie, au lieu de chercher à l'éloigner en voulant l'effacer.

Si j'entre dans ces détails, que vous trouverez peut-être superflus, c'est pour que vous soyez bien convaincu, Monsieur, qu'il n'entre nullement dans ma manière d'exclure personne, et que d'ailleurs, s'il en était autrement, je combattrais contre moi-même... Qu'au contraire, en demandant un grand théâtre à prix plus élevé, c'est parce que j'ai la conviction que la force des choses nous y fera arriver tôt ou tard.

Quant aux prix des places, je m'abstiendrai pour le moment de vous en entretenir; du reste, c'est un détail de circonstance qui viendrait si le projet était approuvé, et d'ailleurs il serait facile de s'entendre.

Je terminerai par un simple aperçu du mouvement commercial et maritime qui s'opère à Rouen, et que je crois favorable à la régénération de l'art dramatique dans notre cité.

Oui, Monsieur, au moment où le génie s'efforce de vaincre les difficultés qui arrêtent l'essor de notre beau fleuve, au flot majestueux, au lit profond, si éminemment maritime, qui depuis longtemps, jaloux de ses rivaux, est humilié dans son orgueil de ne pouvoir porter au loin les magnifiques produits des riches contrées qu'il parcoure.

Qui aujourd'hui est si fier, si heureux de pouvoir bientôt franchir les obstacles, de triompher de l'Océan, son implacable ennemi!... de le soumettre à sa puissance!... lui qui depuis tant de siècles s'efforce de lui disputer le passage!... comme s'il prévoyait, redoutait dans l'avenir de sentir le frein, de se courber, d'avouer sa faiblesse devant un des plus impérieux de ses maîtres!

Naguère, n'avons-nous pas admiré le beau pavillon américain aux étoiles brillantes, si fières, si heureuses de porter au loin la puissance américaine!... Encore quelques efforts, et nous aussi ne pourrons-nous pas admirer nos beaux trois-mâts à la mâture élancée, hardie, coquette, aux formes sveltes, solides; qui ne craignent pas d'affronter les fureurs de l'Océan, le font mugir de colère et n'ont rien à redouter des plus fameux clippers américains!... qui eux aussi, seront fiers, heureux de se croiser, de se mêler au milieu de tous les pavillons de l'univers ; qui sont appelés à sillonner notre beau fleuve aux ondes si pures, si limpides ; qui tour-à-tour se reflète de couleurs argentées ou dorées, et qui recèle en son sein des feux encore cachés, et qui, s'ils étaient mieux compris, feraient trembler les plus fières marines du monde !...

Eh ! voyez-vous, Monsieur, tous ces rudes matelots aborder à nos quais avec joie, pour se reposer, se refaire de leurs longues et dures traversées toujours environnées de périls... Tous braves et joyeux compagnons, aux allures franches, qui sont curieux, qui aiment à voir... et la marine, Monsieur, comporte des marins distingués, qui sont désireux, capables d'apprécier les œuvres de nos grands maîtres qu'ils transportent, qu'ils font connaître à toutes les extrémités de la terre, et dont souvent, comme les Fernand Cortez et autres, ils ont été les principaux acteurs !

Et notre théâtre, Monsieur, touche à notre beau fleuve !... et il est aux portes du plus grand foyer artistique de l'univers ; il en est peu qui offrent les mêmes éléments de succès... Eh ! croyez-vous qu'il n'est pas appelé à revendiquer son ancienne splendeur ?

Le commerce, le commerce, Monsieur, n'est-il pas appelé à prendre sa large part dans nos succès dramatiques ?... à le couvrir, à le soutenir de son égide tutélaire ?... lui, qui grandit tous les jours ; lui, qui couvre notre localité et la banlieue de magnifiques établissements ; lui, qui depuis peu prend des proportions colossales... lui, qui s'efforce de lutter avec les plus orgueilleuses cités manufacturières, et qui semble vouloir indiquer, marquer l'avenir de Rouen !...

Et croyez-vous, Monsieur, que le commerce se contente purement et simplement d'un strict échange de marchandises ? Croyez-vous qu'il est étranger au mouvement général de toute société qui marche vers le progrès... c'est-à-dire qu'il est indifférent aux progrès des lettres, des sciences, des arts, etc., et en un mot de tout ce qui est le produit de l'intelligence?... Croyez-vous que lui aussi ne peut pas revendiquer sa grande part d'intelligence?... Et l'intelligence, Monsieur, se produit dans toutes les circonstances, seulement elle prend des routes différentes; mais avant tout elle se lie, se soutient; elle marche vers le même but... en un mot, elle ne fait qu'un!

Croyez-vous que le commerce, qui entretient des milliers de bras, qui est le meilleur aliment de notre marine, qui fournit à nos flottes nos braves matelots qui brûlent de soutenir, de porter au loin la gloire du nom français!... qui amoncèle des trésors pour entretenir, équiper nos vaillantes armées qui ont porté si haut notre gloire militaire, qui emplit et étonne l'univers!... Croyez-vous, Monsieur, que le commerce, que certains beaux esprits s'efforcent d'effacer, de reléguer bien loin au-delà de leurs mérites... croyez-vous, dis-je, que le commerce n'a pas aussi ses vastes conceptions qui marquent la grandeur d'un peuple?

Croyez-vous qu'il ne féconde pas, qu'il n'entretient pas, qu'il ne produit pas toutes ces grandes choses, si chères aux ardentes imaginations, aux âmes élevées?... N'est-ce pas lui qui, en poussant le génie de Colomb à la découverte de l'Amérique, nous a enrichis de tous ces trésors si avidement recherchés par tous les peuples civilisés, et qui contribuent si fortement à leur bien-être, à leur puissance?

N'est-ce pas le commerce qui, en rapprochant les peuples, en les faisant connaître, facilite la connaissance de notre globe, nous mène à travers l'immensité des cieux, fixe mieux les connaissances astronomiques, agrandit le domaine des sciences?... N'est-ce pas lui qui enrichit les cabinets des naturalistes, des botanistes, agrandit le cercle de l'historien, entretient la verve du romancier, du chroniqueur, électrise le compositeur?...

N'est-ce pas lui qui, enfin, propage et encourage à la

fois les lettres, les arts et les sciences, parce qu'en s'a-
dressant à l'humanité entière, il multiplie les ressources
de l'homme, centuple ses forces et augmente et facilite
d'autant le domaine de l'intelligence?

Que l'on respecte, que l'on honore, que l'on vante
même les merveilles des lettres, des sciences et des arts,
qui sont le reflet, l'orgueil de tel ou tel peuple, suivant
leur caractère particulier, nous sommes le premier à nous
abaisser, à leur rendre hommage!

Mais nous serons toujours le premier à repousser, à combattre ceux qui, poussés par un trop haut dédain, s'efforcent d'abaisser, d'annihiler le commerce, de le considérer
comme un vil objet mercantile... Est-ce que le commerce
n'a pas aussi ses combats, ses luttes de l'intelligence?...
Est-ce que lui aussi n'a pas ses merveilles?...

Et ne voyez-vous pas, Monsieur, que le commerce a
grandi, qu'il est temps qu'on lui rende justice? Qu'on l'honore, qu'on lui marque sa place... et lui aussi sera fier,
sera heureux d'encourager, d'honorer tout ce qui marque,
tout ce qui touche au progrès!

Croyez-vous, Monsieur, qu'au moment où le commerce
de notre place prend un si grand développement et tend à
grandir de plus en plus, croyez-vous qu'il peut rester
étranger, indifférent au succès de notre grand théâtre?...
Qui peut évoquer tant et de si glorieux souvenirs?... Ne
voyez-vous pas qu'il y est lié plus intimement, plus insé-
parablement que jamais?

Ne voyez-vous pas que quand on est à la tête d'aussi
importants établissements, qui existent et qui se rattachent
à un négoce non moins actif, non moins important... ne
voyez-vous pas, dis-je, que nos grands industriels, nos
négociants, à moins de n'être ni industriels ni négociants,
ne peuvent se dispenser d'avoir leur place marquée à
l'avance à notre grand théâtre, d'avoir leur loge?

Ne voyez-vous pas que le système d'abonnements pour-

rait reprendre avec faveur pour un plus grand nombre?...
Ne voyez-vous pas que ceux qui ont moins l'habitude, le
goût du théâtre, pourraient en prendre plus facilement la
route?... Ne voyez-vous pas que, pour une grande partie
de notre population, un prix un peu plus élevé ne serait
pas un obstacle; qu'au contraire, il y aurait plus d'en-
train, plus d'élan?... La société attire la société !...

Ne voyez-vous pas, enfin, qu'un grand théâtre, bien
monté, bien organisé, en rapport avec le progrès de la
société, ramènerait facilement la haute société sans exclure personne, parce que tout se lie, tout s'enchaîne... et
que vouloir relever notre grande scène dramatique sans le
concours de l'élite de la société, c'est vouloir marcher en
sens contraire, retomber et entretenir indéfiniment notre
décadence théâtrale?

Je ne sais, Monsieur le Rédacteur, si vous ne trouverez
pas que j'ai été trop téméraire, pour mon inexpérience, de
m'embarquer sur une mer si orageuse, si semée d'écueils,
si je n'ai pas entrepris une tâche au-dessus de mes forces.
Mais, je vous l'ai dit, j'ai essayé de braver la tempête, et
jaloux pour l'honneur de notre cité de voir notre scène
reprendre son ancienne splendeur, je serai heureux, avant
tout, de voir d'autres pilotes plus habiles nous conduire à
ces rivages fortunés où on doit cueillir le talisman tant
désiré !

Dans cette attente, etc.

Jules VERNHES.

Rouen, le 17 juillet 1853.

LETTRE

ADRESSÉE LE 12 AOUT 1860

A MONSIEUR LE DIRECTEUR DU NOUVELLISTE DE ROUEN.

MONSIEUR,

J'ai déjà eu l'honneur de vous adresser deux lettres à l'occasion de la question théâtrale : la première, avant la gestion du Théâtre-Français par M. Plunkett; la deuxième, vers la fin de l'année 1853. Depuis ce temps je ne vous en ai plus entretenu.

De votre côté, vous avez gardé le silence le plus complet; quoi qu'il en soit, bien que je ne connaisse pas votre opinion, je me hasarde à vous écrire une troisième lettre, dans l'intérêt pur et simple de la question théâtrale, vous laissant libre, comme c'est votre droit, d'en faire ce que vous jugerez convenable.

Toutefois, si vous y trouviez quelque chose d'à peu près bon, c'est à vous, en votre double qualité de rédacteur distingué et de publiciste dévoué aux intérêts de notre cité, qu'il appartient plus spécialement de le faire valoir, en y apportant vos propres lumières, ce dont je me trouverais très-flatté, et ce auquel je vous engage fortement.

Comme depuis que j'ai eu l'honneur de vous adresser les deux précédentes lettres il s'est écoulé un laps de temps assez considérable, il est probable que vous n'en avez guère gardé le souvenir, si même toutefois vous vous êtes donné la peine d'y porter votre attention. C'est pourquoi j'ai jugé assez à propos de vous les retracer, afin d'éviter des redites inutiles, d'autant plus qu'il se pourrait fort bien que vous n'en puissiez plus retrouver les traces.

Depuis ce temps, il s'est également opéré de grands changements qui sont à votre connaissance; aussi je ne vous parlerai pas de la direction de M. Esparbié ni de celle de M. Juclier, tous les deux ont fait preuve de savoir, et pourtant, pour une cause ou pour l'autre, ils ont été forcés d'abandonner la direction.

Aujourd'hui, malgré les talents de ses prédécesseurs bien établis et bien reconnus par toute la presse, c'est M. Halanzier qui paraît le mieux dominer la situation, être décidément le maître du terrain; aussi effectivement est-ce lui qui a opéré les meilleurs changements, qui a apporté le plus de soins, qui a donné le plus d'éclat, qui a le mieux compris notre grand théâtre, qui enfin l'a mieux transformé en une véritable grande scène artistique digne de notre cité.

Mais alors, me direz-vous, puisque vous trouvez que les choses ont bien marché, que vous reconnaissez que notre grand théâtre, sous l'effort d'une direction habile, est entré dans une bonne voie, est arrivé dans la sphère qui lui convient, peut représenter dignement l'art dramatique en province, peut soutenir glorieusement sa vielle renommée..... que diable venez-vous me conter-là ?

Où voulez-vous en venir, où voulez-vous en arriver ?...

Je veux arriver tout simplement à stimuler, encourager vos désirs artistiques, vous engager à prendre part de nouveau à la défense de notre avenir théâtral.

D'abord, avant de nous égarer dans l'avenir, occupons-nous du présent; mais avant d'entrer dans le présent, retraçons en peu de mots le passé. Je crois que la marche des choses ne peut que nous confirmer dans le présent, nous donner confiance pour l'avenir.

1º En vous reportant au passé, il vous sera facile de vous convaincre que je me suis toujours efforcé de soutenir que pour relever notre grand théâtre, il fallait attirer l'élite de la société par une salle richement décorée, une scène bien montée, bien organisée, seul moyen de complaire à une société qui a des habitudes de luxe, et de satisfaire aux exigences du jour, et ce, à un *prix plus élevé*.

Sous les deux premiers rapports, M. Halanzier a fait tout ce qu'il était possible de faire dans l'état actuel des choses. Reste la question du prix plus élevé ; nous y reviendrons ci-après.

2º Bien loin d'éloigner les masses de la route du théâtre, encourager au contraire leur goût artistique par la création d'un troisième théâtre secondaire, bien monté, bien organisé et vaste, au centre d'un quartier populeux déjà indiqué, et ce, à un *prix très-modéré*.

3º Abolition de tout privilége autre que celui de l'exploitation des trois théâtres par une seule direction, laissant toute latitude d'exercice aux théâtres de troisième ordre, tels que ceux des Folies-Dramatiques, Cirque, château Beaubet, qui existent, ou autres qui tendraient à s'établir dans l'avenir, laissant chacun libre d'aller où bon lui semble, suivant ses goûts ou ses moyens.

De cette manière, la direction principale éviterait la responsabilité du vieux et ridicule impôt qui frappe, qui arrête à toutes les portes le public peu aisé qui recherche les délassements à bon marché ; et par ce moyen, chaque direction, grande ou petite, prélevant à sa propre porte... public et directeurs n'auraient rien à se reprocher.

Ceci bien posé,

En vous reportant au passé, je veux dire à mes deux précédentes lettres, il résulte que je suis tout-à fait d'accord avec le présent, c'est-à-dire que, sous le double rapport de la direction artistique et de l'affluence du public, l'un et l'autre ont lieu d'être satisfaits. Aussi, notre grand théâtre se trouve-t-il être aujourd'hui dans les meilleures conditions possibles, sauf, toutefois, la question difficile et délicate de prix plus élevé.

Mais, me direz-vous de nouveau, puisque vous convenez que directeur et public sont au mieux ensemble, que voulez-vous de plus?

Je voudrais voir le bon accord continuer dans l'intérêt de la question théâtrale; car, malgré ses succès, la direction ne peut encore se soutenir par elle-même. Aussi aujourd'hui il est un fait constant parfaitement démontré, que le système des prix réduits est impuissant à relever notre grand théâtre; il a passé par toutes les étamines, il a fait son temps, il est tout-à-fait usé.

C'est pourquoi j'ai la conviction que, pour garantir l'avenir, il faut fortifier le présent par une légère augmentation de prix, et, je le répète, tôt ou tard il faudra y arriver.

C'est ici que j'éprouve le besoin d'entrer dans quelques détails de prix.

Au premier abord, on pourrait supposer que je veux faire une salle de privilégiés, moi qui combats contre le privilége.

Je tiens à me justifier, je veux me faire absoudre.

Aujourd'hui que la plus grande partie du parterre est transformée en parterre assis, il serait peut-être difficile d'en faire changer les habitudes.

Quant à la petite portion restée debout, elle n'a pas gagné à la nouvelle organisation. Au lieu de scinder le parterre en deux parties, il aurait peut-être mieux valu n'en faire qu'un seul debout. Dans ce dernier cas, il aurait été plus convenable de le rétablir comme autrefois, c'est-à-dire avancer les galeries au niveau des premières, supprimer un banc ou deux des stalles, les reporter, le tout ou partie, soit au parterre, soit au parquet; c'est un détail d'appréciation qu'on aurait eu à juger en temps et lieu. Ce qu'il y a d'à peu près certain, c'est que la nouvelle disposition ne doit pas être favorable à la direction, sous le rapport financier, d'autant plus qu'on aurait pu facilement élever le prix à 1 fr. 50 c., comme il est actuellement pour le parterre assis.

Je crois avoir dit facilement, malheureux que je suis!... Est-ce qu'il y a quelque chose de plus difficile qu'un parterre, surtout un parterre debout; c'est peut-être une cause qui a engagé la direction à en asseoir la plus grande partie.

Pour ma part, je connais certains habitués qui sont fort partisans du parterre debout, à 1 fr., bien entendu; mais n'allez pas leur parler de 1 fr. 50 c.; il faut être véritablement ami pour oser leur en parler, et il est même plus prudent de ne leur en rien dire. Mais, avec vous, j'ai la confiance qu'on peut en parler sans danger; car si j'en ai un à courir, c'est à coups de plume; et pourtant, à vous parler franchement, dans ce dernier cas, je vous prie de m'abîmer le moins possible, car souvent les coups de plume, si légers qu'ils soient, font plus de mal qu'une bonne bourrade.

Quant au parterre entièrement assis, sans doute c'est beaucoup plus convenable, mais il faudrait pouvoir le porter à 2 fr., et, dans ce dernier cas, il rencontrerait trop d'opposants. Il est également vrai de reconnaître qu'un parterre dans ces conditions exigerait une salle plus spacieuse, plus grandiose; mais il n'y a pas lieu à y penser pour le moment. C'est pourquoi, dans l'état actuel, j'aurais préféré l'ancien parterre debout, mais à 1 fr. 50 c.

C'est pourquoi aussi dans l'état des choses présentes, tant sous le rapport de la nouvelle disposition du parterre que sous le rapport du tempérament de ses habitués, je crois qu'il est assez difficile de se prononcer. Je crois aussi qu'il est assez sage pour mon compte personnel de me retrancher derrière vous, de vous laisser émettre vos propres réflexions; car, dans tous les cas, vous saurez toujours mieux vous défendre, d'autant plus que si l'orage était trop menaçant, vous connaissez mieux que moi les issues du théâtre; vous pourriez vous retirer plus facilement dans la coulisse.

Maintenant, abordons le prix des autres places, la tâche sera peut-être plus facile.

Mais, avant d'en parler, je crois qu'il est bon de procéder par ordre, de grouper tous les prix le plus possible, afin que vous puissiez mieux en juger de suite, sans trop vous donner la peine de courir par toute la salle, et de manière à ne pas trop vous fatiguer.

Puisqu'il est question de prix, vous trouveriez peut-être plus naturel de suivre l'ordre de l'arithmétique, c'est-à-dire de commencer par les premières; mais, comme vous le savez, et les artistes le savent bien aussi (ceci pour ma justification), le parterre est au théâtre un grand seigneur, et à tout seigneur tout honneur!

Commençons donc poliment par le parterre.

Parterre debout. Je laisse à la direction le soin de l'asseoir s'il lui convient. En face du parterre assis, on ne peut vouloir l'augmenter. Prix actuel, soit. . . . 1 fr.

Parterre assis. Je crois véritablement qu'il vaudrait mieux le mettre debout; mais je me garde bien de me prononcer, tâchez d'arranger l'affaire. Dans tous les cas, assis ou de debout, prix actuel. . . . . . 1 fr. 50 c.

Stalles. Je crois qu'il vaudrait mieux les supprimer. Autant que possible il ne faut pas trop multiplier les places, il vaut mieux les avoir plus dessinées. Je les laisse donc de côté, je m'en rapporte à votre décision.

Parquet. Prix du vieux temps, 3 fr. 50; c'est une affaire entendue, soit . . . . 3 fr. 50 c.

Premières. Mettons tout de suite 5 fr. On pourra bien trouver le prix un peu élevé, mais on se gardera bien de le dire trop haut, on se plaindra tout bas, et encore entre amis, tout-à-fait en dehors de la salle. C'est une affaire arrangée, soit . . . . 5 fr.

Galeries. Mettons les à 3 fr. 50, c'est une place qui doit devenir très-bonne pour certains récalcitrants des premières. Avec une bonne tenue de la part de la direction, je ne serais pas surpris qu'on vante son confortable, qu'on s'y trouve même plus à l'aise.

L'affaire ne me paraît pas mauvaise, arrêtons à . . . . 3 fr. 50 c.

Secondes. Attention à nous, là !

Nous devons y rencontrer passablement de mécontents venus des diverses parties de la salle, sans compter certains habitués qui pourraient bien ne pas être des plus commodes ; il pourrait bien y avoir un peu plus de tapage.

Voyons, entendons-nous bien avant de rien fixer.

D'abord nous avons bien des petites choses qui militent en notre faveur. Nous ne pouvons pas augmenter les autres parties de la salle et laisser se prélasser les habitués des secondes dans une des meilleures places sans les mettre un peu à contribution. Et puis ensuite la direction, avec son petit air de ne prendre que 1 fr. 50 c., a soin d'en prélever le plus souvent 2 fr. au moyen de 50 centimes pour places retenues à l'avance.

Voyons, examinons un peu. Sans vouloir dire du mal de la direction, la main sur la conscience, c'est trop de prélever un quart en sus du prix réel d'une place secondaire ; aussi on n'ose pas prélever plus de 50 centimes sur les premières places.

Tout bien considéré, en fixant notre nouveau tarif à 2 fr. 50 c. je ne suppose pas qu'on puisse nous dire grand chose.

Après tout, il n'est pas probable qu'ils nous jetteront les banquettes sur la tête.

Je crois qu'on peut supposer l'affaire arrangée à 2 fr. 50 c.

Troisièmes. Je crois que le plus simple et le plus convenable est de remettre le prix de 1 fr. 25 c., comme il était autrefois; nous ne devons avoir rien à craindre à ces conditions là; soit pour. . . . . 1 fr. 25 c.

Quatrièmes. Vulgairement appelées Paradis, comme le chemin en est toujours difficile à gravir, je ne fixe pas de prix, je recommande la plus grande indulgence. Non-seulement je crois entrer dans vos vues, mais j'ai la confiance que de cette manière nous ne devons pas y être trop mal accueillis.

Véritablement le paradis me suggère une idée : puisque le paradis est la récompense des bonnes actions ou des bonnes intentions, s'il arrivait un orage dans quelques parties de la salle, je crois que nous ne pourrions pas y trouver un meilleur refuge.

Quant aux abonnements et aux loges, je ne vous en parlerai pas; c'est plus votre affaire que la mienne; je m'en rapporte à vous et à la direction pour fixer les prix en rapport du nouveau prix des places, toujours, bien entendu, s'il entrait dans votre manière de voir d'approuver le projet.

A propos de loges, il y en aura plus d'un qui m'enverra assurément dans certaines loges !... Mais, vous le savez, en cas de besoin, je compte sur vous; j'espère que vous me défendrez en faveur de l'intention... car, vous le voyez, vous le reconnaissez vous-même, c'est une augmentation très-douce, bénigne, qui est à la portée de tout le monde, qui ne repousse personne, d'autant plus qu'il est à remarquer que le parquet en restant à 3 fr. 50 c. ne surcharge aucunement l'habitué aisé, et, par la même raison, les troisièmes restant à leur ancien prix, ses habitués naturels n'ont pas le droit de se plaindre.

Il n'y a donc par le fait que les premières, les galeries et les secondes qui subissent une augmentation plus marquée. Mais, il faut bien le reconnaître, les prix actuels sont au-dessous de ce qu'ils devraient être.

Quoi qu'on puisse dire, quoi qu'on puisse faire, si on veut que notre grand théâtre se soutienne, il faut asseoir le prix des places en raison de son importance ; autrement, malgré l'apparence d'une prospérité passagère, on menace son avenir ; on nous fera retomber certainement en décadence théâtrale.

Du reste, si je n'avais en vue que d'opposer des chiffres, je pourrais invoquer le passé. Aucune direction n'a pu se soutenir par tous les systèmes à prix réduits qui ont été employés tour à tour... Et si même M. Halanzier maintient aujourd'hui la prospérité de notre grand théâtre, c'est moins par l'effet d'un prix modéré que par l'effort d'une direction habile, qui lui vaut une juste réputation de talent acquise, et que tout le monde se plaît à lui accorder, à lui confirmer. Aussi en trouve-t-il la récompense par la haute renommée qu'il s'est faite dans le monde artistique.

Mais, vous le savez, j'ai toujours poursuivi un but plus élevé que les chiffres. Si j'ai combattu pour le commerce , c'est parce que j'ai voulu qu'on lui rende justice, qu'on l'honore, qu'on lui accorde son rang , qu'on l'estime à sa valeur, et, rendons encore une fois justice à M. Halanzier, en mettant notre première scène à la hauteur du commerce, c'est lui qui l'a mieux compris !

Mais, ne vous y trompez pas, ne croyez pas attirer le commerce en le rabaissant aux exigences d'une spéculation mesquine. Non , Monsieur, le commerce ne supporte pas l'esprit mercantile dont on veut bien le surcharger ; lui aussi a la confiance de sa force ; lui aussi, à côté des grandes intelligences, a sa grande part d'intelligence. Souvent même, il y a plus de difficultés pour arriver à une haute position commerciale que pour atteindre à de hautes positions sociales, ou pour s'élever dans le domaine des sciences et des arts, gravir le sommet si âpre, si difficultueux du Parnasse; car, dans l'un et l'autre cas, le génie seul peut se suffire à lui-même... Mais le génie commercial est presque toujours impuissant par lui-même; il est une voix qui lui crie sans cesse, qui bourdonne continuellement à ses oreilles : De l'or, de l'or, toujours de l'or !...

Comprenons donc le commerce, ne lui parlons pas de chiffres, laissons-le rayonner dans sa pensée, laissons-le grandir, soutenir, encourager tout ce qui touche au progrès, lui qui vivifie tant de choses !

Laissons donc le commerce à son libre essor d'intelligence artistique; car, lui aussi sera fier, heureux de vous apporter le concours de ses forces... Mais, comprenez-le bien... élevez-vous à sa hauteur, demandez-lui ce qu'il vous faut, et soyez certain qu'il vous l'accordera.

Voilà pour le présent.

Maintenant, je vais essayer de passer à l'avenir.

. . . .

L'avenir, l'avenir, Monsieur, c'est ce qui nous fait entrevoir le but, le terme de nos efforts; c'est ce qui nous berce d'illusions, c'est ce qui soutient notre espérance !

Aussi, je vous ferai bon marché du passé, je ne rentrerai pas dans certains détails, qui, je crois, ont leur bon côté; je vous laisse à vos souvenirs, si toutefois vous en avez gardé. Le temps a suivi son cours, les choses semblent s'aplanir... J'entrevois un nouvel horizon, plus vaste, plus étendu; que voulez-vous, j'ai confiance en l'avenir !

D'abord, entendons-nous bien.

N'est-il pas évident que nos administrateurs s'efforcent d'assainir, de vivifier les quartiers Martainville, Saint-Vivien et Saint-Hilaire; le percement de la rue Napoléon III, les fonds votés pour le déplacement de Bicêtre ne sont-ils pas des preuves de leur sollicitude?... Ne parlons

que pour mémoire de l'Hospice-Général, qui est horrible-
ment mal placé, qui semble être un obstacle, un arrêt
continuel, une barrière infranchissable à la complète organisation, régénération de ces quartiers... quelque chose
qui représente le bout du monde, comme la grande mu-
raille de la Chine ou les montagnes du Groënland, et qui
pourtant est heureusement mille fois mieux situé, et nous
laisse entrevoir autre chose que des déserts arides ou de
vastes steppes désolés, couverts de glaces.

Au contraire, un voyageur hardi, ou plutôt un audacieux
créateur, qui, tout en respectant l'antiquité, ne se contente
pas de glorieux souvenirs, qui aime à parcourir l'espace,
qui aime à fonder, qui, enfin, comprenant l'avenir de
Rouen, voudrait franchir cette barrière qui heureusement
n'est pas infranchissable, pourrait facilement nous faire
voir tout le vide qu'il y a à remplir, en nous aidant à com-
bler ces belles prairies, ces nombreux jardins qui se cou-
vrent journellement de nouveaux établissements qui ne de-
mandent qu'à être rattachés à leur grand centre, leur grand
foyer naturel, par des communications plus directes, par
un lien plus puissant, pour grandir encore... pour ajouter,
contribuer à la valeur, à la gloire de la grande cité!

Ne vous semble-t-il pas voir le versant de ces hautes collines
se couvrir de riantes maisonnettes, entrecoupées de petits
châteaux, de petits pavillons élégants, au milieu desquels
se prolonge une longue suite d'établissements?... Petite con-
trée, mais déjà puissante; long vallon, qui, par son as-
pect et certaine analogie, représente assez bien la Suisse,
tous deux actifs et industrieux, et qui tous deux semblent
voués au travail en recevant les premiers feux de l'Aurore.

L'Aurore, qui se montre aux faibles humains pour leur
marquer le repos, elle qui ne repose jamais!... L'Aurore,
toujours jeune, toujours infatigable, qui, en dissipant les
ombres de la nuit, rafraîchit nos sens, nous donne une

nouvelle ardeur, semble nous convier à la lutte... L'Aurore, rayon lumineux de la pensée divine, qui étale à nos yeux les merveilles de la nature, pour nous convier à acquérir les trésors qu'elle renferme... L'Aurore, qui nous éclaire pour nous rappeler la loi de notre existence, pour nous montrer la route du travail, qui est à la fois un bienfait et une nécessité à l'homme.

Mais ne nous égarons pas davantage dans ce lointain avenir; si je vous en ai entretenu, c'est parce qu'il ne peut que fortifier le présent. C'est-à-dire, que si l'on veut entreprendre la complète régénération de ces quartiers, il faut voir la question sur toutes ses faces; il faut entrer au fond des choses, afin de suivre une marche, la plus régulière possible, et c'est parce que notre projet théâtral s'y rattache complétement.

Oui, Monsieur, je vous l'ai dit, j'aperçois un horizon plus vaste, plus étendu; le passé et le présent me donnent confiance pour l'avenir.

Le passé, ce sont toutes les améliorations entreprises et qui se poursuivent peu à peu pour la régénération de ces quartiers. Mais je ne reviendrai pas sur les causes qui militent en faveur de notre projet, et que je me suis efforcé de faire valoir dans ma précédente lettre; du reste, vous n'avez pas absolument besoin de vous y reporter; du moment que vous l'approuveriez, vous comprenez parfaitement toutes les conséquences qui en résulteraient et qui ne peuvent que lui donner de la valeur.

Le présent, c'est le grand projet qui doit être mis prochainement à exécution, projet qui repose sur une grande échelle et que l'on n'est pas accoutumé à voir à Rouen, et qui doit remanier un grand nombre de rues, qui doivent se relier à la grande artère principale, la rue de l'Impératrice.

Projet qui, enfin, en transformant la plus grande partie du centre de la ville, en lui donnant une nouvelle face, une nouvelle vie, semble vouloir inaugurer une nouvelle ère dans notre cité, l'entraîner de plus en plus dans la voie du progrès, et qui certainement ne peut que donner une nouvelle force à la transformation des quartiers dont nous nous occupons.

Aussi n'oublions pas que la rue des Faulx se trouve comprise dans le tracé, et, puisqu'elle se trouve être sur notre chemin, profitons de l'occasion pour en faire ressortir l'à-propos.

Effectivement, si on adoptait la création d'un troisième théâtre secondaire au centre de ces quartiers, il ne pourrait que venir en aide aux bonnes intentions de notre municipalité, encourager, activer ses efforts, en donnant une nouvelle impulsion aux améliorations déjà commencées.

Situé au point central, c'est non-seulement un soleil qui éclaire, qui échauffe, qui doit vivifier, donner un nouveau stimulant aux nombreuses classes laborieuses qui habitent ces quartiers, mais c'est en même temps un grand jalon qui indique, qui marque la place où doivent aboutir, où doivent se relier toutes les améliorations projetées... c'est un phare qui produit au loin la lumière, qui montre la route à suivre pour l'avenir!

Maintenant, un mot sur la question purement théâtrale.

Sans chercher à revenir sur tous les avantages que je me suis efforcé de vous montrer dans l'intérêt de cette même question, je me bornerai à constater de nouveau que l'exploitation d'un troisième théâtre secondaire, dans de bonnes conditions et par une seule direction, ne peut qu'augmenter ses ressources, diminuer d'autant toute subvention quelconque, et par conséquent assurer notre avenir théâtral.

J'ajouterai en peu de mots qu'il serait indispensable de faire tout de suite quelque chose de bien, de convenable, si on veut en assurer le succès. Il faudrait que la salle soit au moins aussi spacieuse que celle du Théâtre-des-Arts, avec des couloirs plus larges, des abords plus faciles, un vaste foyer, etc.

Mais surtout, il faudrait que la scène soit plus vaste, plus étendue, principalement en profondeur, de manière à pouvoir représenter de grandes pièces militaires et à grand spectacle, etc... Et, par cette même raison, on pourrait satisfaire pleinement le goût des masses, en y donnant tout aussi facilement et plus commodément, de temps à autre, du grand-opéra, et ce à des prix beaucoup plus réduits que ceux actuels du Théâtre-des-Arts.

On pourrait également, dans certains jours de la semaine, donner des concerts instrumentals, avec même réduction de prix; de plus, la salle étant vaste et commode, la direction pourrait recevoir les grandes sociétés ou réunions de corps qui voudraient y donner des bals, et certainement elle devrait en tirer un grand avantage dans la saison du carnaval.

Je crois superflu d'entrer dans d'autres détails, il vous est facile d'entrevoir le reste, si toutefois il vous convient d'approuver. Mais j'ai toujours la confiance que tout concourt, dans ces quartiers, à la réussite, à la bonne prospérité d'un grand théâtre secondaire.

Maintenant, puisque nous sommes d'accord qu'il faut mettre les prix à la portée de tout le monde, il n'est peut-être pas indispensable d'en parler; mais disons-en un tout petit mot, pour en faire voir un simple aperçu, pour jeter quelque lumière.

Même disposition à peu près que le Théâtre-des-Arts.

Prem... Hein! je crois que j'allais oublier le parterre. Tâchons de réparer notre faute, ne nous attirons point ses mauvaises grâces; il ne serait certainement pas plus méchant que d'autres, mais il pourrait bien être un peu plus turbulent.

Commençons donc par le parterre :

Parterre, 75 c.; premières, 2 fr.; parquet et galeries, 1 fr. 50 c.; secondes, 1 fr.; troisièmes, 50 c.

Loges et places réservées, aux meilleures conditions possibles.

Quant aux quatrièmes, ou paradis si l'on veut, je crois qu'on pourrait les supprimer. Un architecte pourrait s'en servir pour ménager habilement des ouvertures qui, tout en aérant la salle, ne nuiraient en rien à la bonne disposition, en même temps qu'en donnant un peu plus d'élévation aux piliers de soutien des diverses parties de la salle, on pourrait en disposer plus facilement et plus commodément les banquettes.

Et franchement, je crois d'autant plus qu'on pourrait supprimer les quatrièmes, qu'à ces conditions-là tout le monde aurait lieu de se croire en paradis !

Maintenant j'arrive à la conclusion, c'est-à-dire à la question des ressources, qui est le point capital, qui est le grand point d'appui, le grand levier qui fait germer, qui fait éclore même les meilleures idées, qui, enfin, est la solution de toutes choses.

Quant à moi, Monsieur, je ne sais jusqu'à quel point vous approuvez le projet que j'ai déjà eu l'honneur de vous soumettre ; mais il est bien entendu que je ne viens pas à titre de conseil, je propose, je joints mes efforts, j'apporte mon peu de lumière ; en un mot, j'émets tout simplement mon idée, et principalement je viens faire appel à vos connaissances plus étendues dans l'intérêt de notre avenir théâtral.

C'est pourquoi, pour vous faire bien comprendre ma pensée, je me résume ainsi :

On peut évaluer approximativement le capital à sortir pour pouvoir faire quelque chose qui frappe là la vue de tout le monde, et qui offre une certaine durée, qui soit réellement en rapport avec l'avenir.

SAVOIR :

Frais de construction de la salle.	600,000 fr.
Achats de terrains et immeubles.	250,000
Dépenses non prévues.	150,000

Soit un million, chiffre rond. . . . . . . 1,000,000 fr.

Au premier abord, il me semble voir une foule de rieurs qui certainement vont me traiter de fou et vont m'envoyer assurément dans certaines loges, autres que celles du théâtre, ainsi que je vous l'ai déjà dit. Mais laissons passer le premier mouvement, il est trop naturel, on n'a pas toujours occasion de rire, il est bon d'en profiter. Aussi, Dieu merci, bien loin de m'en fâcher, je suis tout disposé à me mettre de la partie.

Mais comme chaque chose a son terme, et que d'ailleurs il ne serait pas toujours agréable pour moi de faire rire à ces conditions-là, je vais tâcher de trouver des défenseurs... Tiens, j'y pense, je pourrais bien en avoir trouvé et qui ne sont pas des plus mal posés !... si toutefois je ne m'abuse, si réellement j'ai trouvé des défenseurs.

Je m'adresserai d'abord à M. le Préfet et à M. le Maire de Rouen, qui sont parfaitement à même de juger des lieux, et qui tous deux, par leur haute position, sont nécessairement à la tête de la vaste transformation qui doit s'opérer prochainement dans nos murs, entreprise qui va entraîner des millions.

C'est pourquoi, dans une semblable circonstance, au moment où il va falloir remuer des millions... si M. le Préfet et M. le Maire daignaient approuver le projet, ou du moins s'ils apercevaient quelque chose qui puisse entrer dans leurs vues, j'ai la confiance que non-seulement ils y apporteraient leur concours actif et puissant, mais que dans leur constante sollicitude pour ces quartiers déshérités, ils trouveraient facilement quelques centaines de mille francs sans arrêter, sans nuire en rien au grand projet qu'ils poursuivent de tous leurs vœux, de tous leurs efforts.

Je ne sais en vérité jusqu'à quel point M. le Préfet peut entrer dans la question des ressources ; mais certainement son appui moral, son puissant concours administratif, comme premier magistrat de notre département, ne peuvent être que d'un grand poids dans la question.

De plus, au moment où chaque grande cité rivalise d'efforts pour maintenir son avenir théâtral, je ne doute pas. que M. le Préfet et M. le Maire de Rouen ne soient heureux et fiers de concourir à la régénération de l'art dramatique en province, en contribuant pour leur glorieuse part à soutenir avec éclat la haute renommée théâtrale de la patrie de Pierre Corneille... le berceau du père de la tragédie !... Et certainement, ainsi que je vous l'ai déjà signalé, la France, qui est fière à juste titre de ses gloires artistiques et dramatiques, y trouverait une noble émulation et ne pourrait qu'y applaudir.

C'est ici que j'éprouvre la nécessité d'entrer dans quelques détails de chiffres, ou plutôt le besoin de vous faire ressortir la combinaison qui me semble la plus propice à la réussite de notre projet.

Je supposerai donc que M. le Préfet et M. le Maire veuillent bien lui accorder un accueil bienveillant.

Dans cette hypothèse, je serai forcé de m'adresser directement à notre municipalité et de lui demander... de lui demander... un grand effort !

Mais comment lui demander ?

Allons, un peu de courage, car il faut pourtant bien lui demander.

Ah ! s'il ne s'agissait que de prendre, la chose serait plus facile ; mais il n'y a pas moyen, le trésor municipal est trop bien gardé.

Voyons, finissons-en, car je me sens fortement oppressé, les forces pourraient bien me manquer... Allons, vite, vite !

Je demanderai donc 600,000 fr.

Ah! mon Dieu! le coup est porté. Je ne sais véritablement pas dans quelle position je me trouve du moment; j'ai des visions qui me tournent dans la tête; je crains, ou plutôt j'avoue que je ne dois pas avoir un vote favorable de prime-abord... J'aperçois bien des difficultés à surmonter!

Mais ne nous décourageons pas; le progrès est fait pour vaincre les difficultés.

Cherchons et examinons.

Remarquons d'abord que plus une ville est mieux organisée, plus la vie, le bien-être circulent au milieu de ses habitants, plus elle offre de ressources; et certainement, du jour où ces quartiers auront gagné en valeur, plus on pourra facilement prélever d'impôts sans surcharger personne, et alors donc notre municipalité doit trouver amplement une compensation à ses avances par un excédant de recettes.

De plus, j'engagerai spécialement notre municipalité à faire l'addition des dix dernières années de subvention qu'elle a été obligée d'accorder à notre grand théâtre; puis, d'un autre côté, je l'engage à supposer un bénéfice pour la seule exploitation de notre théâtre en projet, que l'on peut estimer, sans trop d'exagération, à 30,000 ou même 20,000 fr. si l'on veut; puis, ajoutez une plus forte perception chez le receveur de ces quartiers, comme il est dit plus haut, et je crois que tout compte fait, le budget de notre ville pourrait bien ne pas s'en trouver plus mal.

C'est égal, j'ai beau faire, je ne me sens pas très-rassuré. Voilà un passage difficile!... le chiffre me paraît un peu fort.

Je ne sais pas trop si j'ai eu bien raison d'avoir confiance en l'avenir.

Après tout, puisque l'on dit que c'est l'espérance qui soutient, espérons toujours!

Eh! mon Dieu, pourquoi ne pas espérer ?

Tenez, entre nous, je puis bien vous le dire, je puis m'ouvrir à vous, parce que j'ai la confiance que vous êtes de mon avis.

Rouen n'a jamais été compris !

Qu'est-ce qui peut donc arrêter son essor, qu'est-ce qui peut donc compromettre son avenir?... Le défaut de millions, nous dira-t-on.

Que nous parle-t-on de difficultés pour trouver des millions... c'est au contraire une des plus riches mines d'or du monde à exploiter, c'est un fond inépuisable, l'Australie et la Californie ne sont rien en comparaison !

Oui, Monsieur, le jour où on voudra comprendre Rouen, c'est-à-dire le jour où on voudra s'initier, s'inspirer et non pas s'extasier purement et simplement devant tous nos grands monuments qui excitent l'admiration des étrangers et qui sont l'orgueil de notre cité... mais le jour où on comprendra la grandeur de la pensée qui les a fait élever.

Le jour où, en consultant son histoire, on voudra comprendre ses travaux, ses entreprises, ses luttes de toutes sortes; le jour où on voudra suivre ses hardis navigateurs au caractère entreprenant et aventureux... le jour où on voudra se reporter à son ancienne splendeur; car Rouen, ancienne capitale de la Normandie, peut s'enorgueillir d'avoir été puissante !

Mais aujourd'hui Rouen ne regrette pas sa puissance passée; au contraire, il est fier et heureux, avant tout, de s'associer, de contribuer à toutes les nobles aspirations, à tous les nobles efforts, à toutes les gloires de la France !

Mais aussi, au nom de la Normandie, de cette belle province qui est si féconde en toutes choses, qui peut s'enorgueillir d'avoir produit de grandes intelligences, qui peut revendiquer sa glorieuse part de nobles aspirations, Rouen est également heureux et fier de montrer son blason, qui est le symbole de l'honneur et de la loyauté, le

symbole de la grandeur et de la puissance... car qui donc
plus que la Normandie a lutté de puissance à puissance...
qu'elle est donc la province qui a ajouté un plus beau
fleuron à cette belle couronne de France?...

Oui, Monsieur, le jour où on voudra s'inspirer de ses
glorieux souvenirs, s'initier à son noble passé... le jour
où on voudra consulter ses besoins, interroger ses désirs...
le jour où enfin on voudra comprendre ses nobles aspirations, ses nobles ardeurs qui poussent aux grandes choses,
qui donnent la puissance... et qui sont encore et qui seront toujours son partage.

Ce jour-là, Monsieur, on trouvera des millions !!! Eh
bien, Monsieur, croyez-vous que je n'aie pas encore lieu
d'espérer? Pensez-vous que toute espérance soit perdue?

. . . .

Estimons donc qu'il nous est accordé 600,0000 fr.; il
nous reste alors 400,000 fr. à trouver pour compléter le
chiffre que je crois nécessaire à la réalisation de notre
projet.

Tâchons donc de les trouver.

Puisqu'il est certain que tous les propriétaires, commer-
çants ou marchands qui habitent ou qui ont des intérêts
dans ces quartiers, sont spécialement engagés à les voir
prospérer, gagner en valeur, il me semble que nous devons y trouver bon nombre de défenseurs.

Ne pourrait-on pas les engager à y concourir en stimulant leur bonne volonté et en leur faisant un appel de
fonds?

D'abord il est bien entendu que toutes les fois que l'on
veut qu'une chose offre une certaine apparence de réussite, il faut bien se garder de sortir des limites du possible.

C'est pourquoi dans la question qui nous occupe, en faisant un appel libre de 400,000 fr., c'est-à-dire en émettant
800 actions de 500 fr., j'ai la confiance que ce système

que j'ai l'honneur de proposer pourrait rencontrer beaucoup d'adhérents, passablement de souscripteurs.

Ainsi donc, en supposant notre projet théâtral réalisé au capital de 1 million, il est certain que, situé et établi dans de pareilles conditions, il ne pourrait être loué moins de 12,000 fr.

Ce chiffre, à la vérité, pour 400,000 fr., ne représente que 3 0/0; mais tout porte à croire qu'il pourrait atteindre facilement 4 0/0... et en admettant qu'il reste à 3 0/0, on fait tous les jours des placements qui ne sont pas plus avantageux et qui n'offrent pas plus de sécurité.

Car remarquons qu'en supposant un chômage momentané, ce qui n'est pas probable, ou tout autre cause qui mette un arrêt dans l'exploitation, il serait toujours facile à la ville de s'engager à racheter au pair les actions de ceux qui jugeraient convenable de s'en défaire; mais, dans ce dernier cas, il serait bon de ne s'engager qu'après un certain laps de temps, soit dix ans après la complète organisation.... De cette manière, la ville et les porteurs d'actions ne pourraient jamais avoir de bien mauvaises chances à courir.

Et, en définitive, en admettant les plus mauvaises chances théâtrales, s'il y avait à perdre d'un côté, il y en a beaucoup qui auraient à gagner d'un autre, soit par une vente plus active, soit par le fait d'une plus grande valeur représentée par la propriété.

Maintenant j'ai moins à m'occuper de chiffres.

Il est un point d'appui que j'ai réservé en dernier et auquel j'ai la confiance de ne pas faire un appel en vain, je veux dire le commerce, le véritable commerce!... Celui qui sait s'élever à la hauteur du négoce, celui pour qui les transactions commerciales n'ont pas pour seul objet un but de lucre, celui qui, dégagé de tout esprit mercantile, sait s'élever à la hauteur de toutes les grandes aspirations!

Oui, Monsieur, ne reprochons point au commerce son luxe, ses richesses, ses trésors, le génie commercial seul est impuissant; il lui faut de l'or!

Il lui faut de l'or! pour créer, alimenter tous ces nombreux établissements, pour établir toutes ces grandes transactions commerciales, qui fécondent, qui portent la vie, le bien-être au milieu des peuples civilisés.

Il lui faut de l'or! pour arracher aux entrailles de la terre tous ces métaux moins brillants, mais non moins précieux et plus indispensables, pour les transformer en ces puissantes machines qui circulent sur toutes les lignes de chemins de fer, ou qui animent, qui donnent la vie à ces magnifiques *Léviathans* qui sillonnent les mers et qui semblent voler à la surface des eaux, toutes choses que tout le monde admire et qui étonnent l'imagination, toutes choses qui transforment notre siècle et qui sont le plus grand levier de la civilisation!

Oui, Monsieur, il ne faut pas voir que l'or qui circule dans le commerce, il faut s'élever à sa hauteur, il faut comprendre ses grandes aspirations, il faut lui accorder son génie, il faut voir avant tout l'œuvre du commerce!

Je m'arrête, je ne veux pas aller plus loin, je crains déjà d'avoir trop abusé de vos moments; vous devez comprendre ma pensée... Il ne me reste plus qu'à faire un appel à votre bon vouloir, à votre plume plus habile. Si vous aperceviez quelque chose qui puisse féconder l'avenir, il vous serait facile de l'animer, de le vivifier d'un souffle plus puissant!

C'est pourquoi, Monsieur, en ayant l'honneur de m'adresser à nos grandes autorités locales, aux habitants et intéressés de ces quartiers, au commerce, et de plus en m'adressant à vous-même,

J'ai la confiance que si le projet était approuvé, ou du moins si on apercevait un germe qui puisse tendre à assurer notre avenir théâtral ou contribuer à l'amélioration de ces quartiers,

J'ai la confiance, dis-je, que ma voix serait entendue, que je n'aurais pas fait un appel en vain.

C'est pourquoi, je vous l'ai dit, j'ai confiance en l'avenir ! . . . . :

Dans cette attente,

J'ai l'honneur, Monsieur, de vous présenter mes salutations empressées.

Julès VERNHES.

Rouen, le 12 août 1860.

Rouen. — Imp. H. RIVOIRE et Cᵉ, rue Saint-Etienne-des-Tonneliers, 1.

Rouen. — Imp. H. RIVOIRE et Ce, rue Saint-Etienne-des-Tonneliers, 1.

www.ingramcontent.com/pod-product-compliance
Lightning Source LLC
LaVergne TN
LVHW050305090426
835511LV00039B/1450